FRANZ OPPENHEIMER
(1864–1943)

JÜDISCHE MINIATUREN
Herausgegeben von Hermann Simon

Band 157 FRANZ OPPENHEIMER

Alle »Jüdische Miniaturen« sind auch im Abonnement beim Verlag erhältlich.

Die Deutsche Nationalbibliothek verzeichnet diese Publikation in der Deutschen Nationalbibliografie; detaillierte Daten sind im Internet über https://portal.dnb.de/ abrufbar.


Inh. Dr. Nora Pester
Wilhelmstraße 118, 10963 Berlin
info@hentrichhentrich.de
http://www.hentrichhentrich.de

Lektorat: Jörn Bohlmann
Satz: Barbara Nicol
Druck: Winterwork, Borsdorf

1. Auflage 2016

Printed in Germany
ISBN 978-3-95565-068-1

DEKEL PERETZ, ELKE-VERA KOTOWSKI

# FRANZ OPPENHEIMER

## WEGBEREITER DER SOZIALEN MARKTWIRTSCHAFT

HENTRICH & HENTRICH

CENTRUM JUDAICUM

*Umschlag vorn:*
*Franz Oppenheimer, um 1920*

Der Band wurde gefördert durch die
Moses Mendelssohn Stiftung, Erlangen

# Inhalt

## Jugend und Studium

*Das freilich kann ich nicht behaupten,*
*daß ich »mit Spreewasser jedooft« bin;*
*aber ein echter Berliner bin ich,*
*sogar ein »janz echter«.*
(Franz Oppenheimer)

Franz Oppenheimer war ein echter Berliner, geprägt von seiner in rasantem Aufstieg befindlichen, zur Reichshauptstadt gewordenen Heimatstadt. Der Pennäler war offen für die kulturelle Dynamik der Metropole, so auch für die utopischen Ideen der Berliner Bohème. Seine Neugier machte auch nicht Halt vor dem sich zur Weltanschauung entwickelnden Antisemitismus des Kaiserreichs. Diese beiden Erfahrungshorizonte bestärkten Oppenheimers Motivation, einen Beitrag zur sozialen Gerechtigkeit zu leisten. Diese Motivation zog sich wie ein roter Faden durch sein wechselvolles Leben, und gab seinen gesellschaftsreformatorischen Bemühungen, seiner Sympathie für den Zionismus, seinen soziologischen Überlegungen und seinem sich daraus entwickelnden liberalen Sozialismus die nötige Nahrung. Mithilfe seiner internationalen Anhängerschaft konnten sich die Versuche zur Umsetzung seiner Vision einer gerechten und freien Gesellschaft von zunächst gewagten Expe-

rimenten, über eine staatliche Förderung in der Weimarer Republik, bis hin zur Sozialen Marktwirtschaft in der Bundesrepublik Deutschland entwickeln.
Franz Oppenheimer wurde am 30. März 1864 in Berlin-Mitte als das zweite von fünf Kindern unweit der ersten Reformsynagoge Berlins geboren, wo sein Vater, Dr. Julius Oppenheimer, als Rabbiner und Religionslehrer wirkte. Dieser entstammte einer orthodoxen Familie in Uslar, wohingegen die Familie seiner Mutter, die Pädagogin Antonie Oppenheimer, geborene Davidson, seit etwa 1690 in Berlin beheimatet war. Franz Oppenheimer bekam den hebräischen Namen David und schmückte sich mit der angeblichen Abstammung aus dem israelitischen Königshaus.
Wie in vielen Häusern emanzipierter jüdischer Deutscher war Bildung ein hohes Gut, das an die Nachkommen weitergegeben und kultiviert wurde. Antonie Oppenheimer brachte ihren Kindern früh die französische und englische Sprache bei und motivierte ihre Kinder zum Lernen. Die Beziehung zwischen Eltern und Kindern war lebenslang herzlich und eng. Für Franz Oppenheimers Werdegang blieb die enge Beziehung zu seiner Familie wegweisend: »Was mir das akademische Kleinbürgerhaus meiner Eltern als ›Vor-Urteil‹ mit ins Leben gegeben hat, was in unserem kleinen Kreise aufs schönste verwirklicht war: die Freiheit, Gleichheit und Brüderlichkeit, das in die große Welt

einzuführen, ist das Streben, und dieses Streben ist das Glück meines Lebens gewesen. Im Elternhause floß mir die Quelle aller meiner späteren Erkenntnisse, erwuchs mir der Keim alles meines späteren Strebens.«
Im Alter von sechszehn Jahren erlangte Oppenheimer sein Abitur am Friedrichstadtgymnasium. Zunächst entschied er sich für den Brotberuf der Medizin, wie auch viele andere deutsche Juden seiner Zeit. Rückblickend betrachtete Oppenheimer seinen Wunsch, sich für das Allgemeinwohl einzubringen, als das Grundmotiv seiner wechselhaften Karriere, welches ihn von der Medizin über die Nationalökonomie zur Soziologie führte. In diesem Bereich sah Oppenheimer seine wahre Wirkungsstätte. Er bereute aber keineswegs den Umweg des Medizinstudiums, da dieses ihn in die naturwissenschaftlichen Methoden einführte, die später zur Grundlage seiner soziologischen Lehre wurden.
Im Sommer 1881 begann Oppenheimer sein Studium an der Universität Freiburg. Von der neuen Freiheit, fernab vom Elternhaus, den täglichen Herausforderungen des Studierens, den fröhlichen Trinkgelagen und ziellosen Wanderungen im Schwarzwald mit seinen Kommilitonen aus der Freiburger Burschenschaft *Alemannia* hatte Oppenheimer nur schöne Erinnerungen. Diese Unbeschwertheit wandelte sich mit dem Wechsel an die Berliner Universität. Dort bekam er

*Franz Oppenheimer (Mitte) in der Burschenschaft* Hevellia, *um 1884*

zunehmend den um sich greifenden politischen Antisemitismus zu spüren. Er schloss sich der Berliner Burschenschaft *Hevellia* an und gehörte zu deren führenden Mitgliedern. Nachdem dort die »Judenparagraphen« eingeführt worden waren, verließ Oppenheimer 1884 die Burschenschaft. Zu jener Zeit hatte er zudem bereits den sinnlos ritualisierten Müßiggang und den persönlichkeitsnivellierenden Gruppenzwang innerhalb der Burschenschaften satt. Allerdings machte sich der für seine Fechtkunst und Kampfeslust gefürchtete Oppenheimer nun zur Lebensaufgabe, die persönliche Freiheit mit Tat und Feder zu verteidigen.
Seine Dissertation »Über das Diazo-Eigelb« schrieb Oppenheimer bei dem mit einem Nobelpreis ausgezeichneten Biologen und Arzt Paul Ehrlich. Auch Oppenheimers Bruder Carl, der Professor für Biochemie wurde, studierte bei Ehrlich. Über Ehrlichs Bemerkung, dass Franz Oppenheimer mit ihm eine bestimmte wissenschaftliche Herangehensweise teile, war sein Schüler zeitlebens sehr stolz: »Es gibt zwei Arten von Menschen, mit panoptischen und mit monomanischen Augen. Die ersten sehen alles und bemerken jede Veränderung. […] Aber Sie, Oppenheimer, und ich, wir haben monomanische Augen: wir sehen immer nur eine Sache, aber die sehen wir genau.« Im Alter von zweiundzwanzig Jahren erhielt Franz Oppenheimer seine Approbation als praktischer Arzt.

## Symphonie der Großstadt – Arzt und Bohemien

*Die Physiologie des sozialen Körpers zu erforschen und aus diesem Verständnis den Heilplan zu finden, das war das Ziel der Arbeit eines ganzen Lebensalters.*
(Franz Oppenheimer)

Nach ersten praktischen Erfahrungen durch einige Vertretungen in Posen und Brandenburg absolvierte Oppenheimer sein schon während des Studiums begonnenen Militärdienst als »einjähriger Freiwilliger«, um sich anschließend als Arzt niederzulassen. Seine erste Praxis eröffnete er im Haus seiner Eltern in der Eichendorffstraße nördlich der Friedrichstraße. Mit seiner Anstellung als Sanitätsarzt im gleichen Viertel gewann seine Praxis an Erfolg.

Die Behandlung der hiesigen Patienten, zumeist Kleinbürger und Proletarier, gewährte Oppenheimer einen erschütternden Einblick »in das Medusenantlitz der sozialen Frage«, welcher ihn fortan nicht mehr losließ. Die Arbeit in jenem Milieu überzeugte ihn von der sozialen Natur des Großstadtelends, auf die der von ihm hochgeschätzte Rudolph Virchow, Begründer der Sozialmedizin, Aufmerksamkeit lenkte. Die Ursachen der Kindercholera, an der sein kleiner Bruder George, wie viele andere Kinder in Berlin, gestorben war, sah

Oppenheimer in der miserablen Wohnsituation der dunklen und stickigen Hinterhöfe und der mangelhaften Ernährung mit wenig frischem Obst und Gemüse und nicht selten verdorbener Milch. Unter den Erwachsenen, vor allem den Industriearbeitern, wütete die Tuberkulose, welche durch die unzureichende Hygiene in den Mietkasernen und Fabriken begünstigt wurde. Im ausgehenden 19. Jahrhundert war Tuberkulose vor allem in den Städten eine häufige Todesursache. Zudem behandelte Oppenheimer immer wieder die Folgen laienhaft herbeigeführter Fehlgeburten sowie Geschlechtskrankheiten und Verwundungen durch Schlägereien.

Nach seiner Heirat mit der Musikpädagogin Martha Amalia Oppenheim im Jahr 1890, mit der er drei Kinder hatte: Eva, Ludwig und Heinz, zog das junge Paar in eine bessere Wohngegend. Obwohl die neue Hauspraxis von der alten nur wenige Häuserblocks entfernt war, überschritten die vormaligen Patienten nicht jene imaginären Grenzen, die den Arbeiterkiez von dem der Mittelschicht trennte. Um den Einkommensverlust auszugleichen, ließ sich Oppenheimer zum Hals-, Nasen- und Ohrenarzt bei Hermann Krause ausbilden. Der wirtschaftliche Erfolg blieb aber weiter aus. Zudem verlor Oppenheimer allmählich die Freude an seinem Beruf. Er hatte das Gefühl, nicht wirklich helfen und seinem Ziel, einer Verbes-

*Martha, geb. Oppenheim, und Franz Oppenheimer, um 1890*

serung der sozialen Frage, näherkommen zu können. Er wendete sich immer mehr einer schriftlichen Auseinandersetzung mit gesellschaftlichen Fragen zu, bis er 1896 die Medizin zugunsten der Publizistik gänzlich aufgab.

Oppenheimers Weg zur Publizistik führte über die Berliner Bohème-Kreise der Jahrhundertwende. Der Verkehr in verschiedenen sozialen Kreisen, die voneinander in Sitten und Normen abwichen, hielt der Soziologe, zu dem sich Oppenheimer immer weiter entwickelte, für den einzigen Weg, die Prägung des eigenen Milieus zwecks Entwicklung einer freien Persönlichkeit zu überwinden. Beispielhaft dafür war der Salon von Ludwig Pietsch, Maler, Schriftsteller und Feuilletonist. An den Sonntagabenden füllte sich das Haus von Pietsch »mit der buntesten Menge, die sich erdenken läßt: Christen und Juden, Fürsten und Sozialisten, Offiziere im Waffenrock und Bohemiens in manchmal sehr salopper Kleidung, das alles verkehrte auf das zwangloseste miteinander [...]. Ich entsinne mich, einmal in einer Ecke mit dem Bruder der Kaiserin, Herzog Ernst Günther, und dem Dichteranarchisten Mackay geplaudert zu haben«.

Oppenheimer gehörte zum inneren Kreis des 1888 gegründeten »Ethischen Klubs«. Diese Keimzelle der Berliner Bohème traf sich im Keller des alten Münchener Hofbräuhauses in der Behrenstraße. Aus dem

»Ethischen Klub« entsprangen weitere Kreise, in denen Oppenheimer mitwirkte, beispielsweise der »Friedrichshagener Dichterkreis«. Dieser bestand aus Anhängern des Naturalismus, Anarchismus, Sozialismus und Individualismus, die in die ländliche Idylle des gleichnamigen Dorfs am Müggelsee südöstlich von Berlin umzogen, um dort neue Lebensformen zu erproben. Das Gartenhaus von Oppenheimers Schwester, der Kinderdichterin Paula und ihrem Mann, dem Dichter Richard Dehmel, diente als städtischer Treffpunkt dieses Kreises, bis der Versuch einer Ménage-à-trois – die Dritte im Bunde war Ida Auerbach – zur Scheidung der Dehmels führte. Dennoch setzten Paula und Richard Dehmel ihre gemeinsame Arbeit an der Kinderlyrik fort. Auch die Freundschaft zwischen Richard Dehmel und Franz Oppenheimer, die auf die Kameradschaft in *Hevellia* zurückging, bestand über die Trennung von der Schwester hinaus.
In den 1890er Jahren versuchte sich Oppenheimer neben seiner Tätigkeit als Arzt zunehmend schriftstellerisch zu etablieren. Inspiriert von seinem künstlerischen Umkreis schrieb er Gedichte und verfasste ein eigenes Stück, das an der »Freien Bühne«, einer gesellschaftskritischen und naturalistischen Alternative zum konventionellen Berliner Theater, das unter Aufsicht der behördlichen Zensur stand, aufgeführt wurde. Bekannt wurde Oppenheimer mit seinen 1893

in der *Vossischen Zeitung* veröffentlichen Texten »Die Vorteile des Wanderns«, »Die Kunst des Wanderns« und »Tiroler Wanderbriefe«. Oppenheimer, dessen Vater ihm das Wandern nahegebracht hatte, begeisterte mit seinen Artikeln die Leserschaft. Im nächsten Jahr folgte ein Prosaband unter dem Titel »Die Ferienwanderung« sowie weitere Aufsätze über seinen noch unbekannten Dichterfreund Detlev von Liliencron. 1898 erschienen diese Texte in einem Sammelband im Schuster & Loeffler Verlag, der durch den Ankauf der Schriften von Detlev von Liliencron gegründet wurde und in dem auch Richard Dehmel publizierte. Neben dem Wandern zählten Medizin und Sport zu Oppenheimers Lieblingsthemen. Märchen, Novellen und Allegorien gehörten ebenfalls zu seinem Repertoire. Oft publizierte er unter verschiedenen Pseudonymen wie Ali der Löwe, Gottlieb und Janus. Nichtsdestotrotz blieb seine schriftstellerische Vielfalt nicht unbeachtet. Maximilian Harden, Herausgeber der *Zukunft*, bemerkte etwas ironisch über Oppenheimer, dass er auf jeden Hasen schösse, der ihm über den Weg liefe.

Immer die Herausforderung suchend, widmete sich Oppenheimer zunehmend dem Studium der Nationalökonomie und bemühte sich, als politischer Schriftsteller Fuß zu fassen. Zunächst veröffentlichte Oppenheimer in der *Volkszeitung*, mit deren demokratischer und sozialistischer Linie er sympathisierte. Es folgten die *Berliner Zeitung* und die *Morgenpost*. 1897 wurde Oppenheimer Chefredakteur der *Welt am Montag*, einer unabhängigen Zeitung für Politik und Kultur. In seinen Leitartikeln kritisierte Oppenheimer den Marxismus, das Bürgertum, die kriegsprovozierende Flottenpolitik des Kaisers und griff die Junker mit ihrem Großgrundbesitz an. Um seinen Studien ernsthaft nachgehen zu können, gab Oppenheimer nach anderthalb Jahren seine Stelle als Chefredakteur auf und reduzierte seine feuilletonistische Tätigkeit.

Der Verleger August Scherl warb Oppenheimer für seine 1900 gegründete Zeitung *Der Tag* an, die im Volksmund aufgrund der höchst modernen Verwendung von roter Farbe in der Kopfzeile auch »Roter Tag« genannt wurde. Von seiner ursprünglichen Absicht, ein breites Spektrum an politischen Meinungen im *Tag* zu Wort kommen zu lassen, nahm Scherl bald wieder Abstand. Als die Zeitung immer kaisertreuer und kapitalismusfreundlicher wurde, beschränkte Oppenheimer, der sich als Stimme des liberalen Sozialismus betrachtete, seine Mitarbeit auf Rezensionen und satirische Verse. Dennoch bewilligte ihm Scherl ein mehr als ausreichendes Gehalt unter zwei Bedingungen: erstens untersagte er Oppenheimer, für konkurrierende Zeitungen zu schreiben, zweitens bat er Oppenheimer, dessen schriftstellerisches Talent zuweilen für Scherls philanthropische Projekte einzusetzen. Mit dem Einkommen durch den Scherl Verlag erlangte Oppenheimer die lang ersehnte Freiheit, sich ganz der Wissenschaft widmen und einen neuen Berufsweg einschlagen zu können.

## Der dritte Weg: Liberaler Sozialismus

*Er [Oppenheimer] erkannte den »Kapitalismus«*
*als das Prinzip, das zur Ungleichheit führt,*
*ja das Ungleichheit geradezu statuiert,*
*obwohl ihm gewiss nichts ferner lag*
*als eine öde Gleichmacherei.*
*Auf der anderen Seite verabscheute*
*er den Kommunismus,*
*weil er zwangsläufig zur Unfreiheit führt.*
*Es müsse einen Weg geben – einen dritten Weg –,*
*der eine glückliche Synthese, einen Ausweg bedeutet.*
(Ludwig Erhard)

Die Bedeutung der Bohème für die Entstehung von Oppenheimers wissenschaftlicher Lehre ist nicht zu unterschätzen. In diesen Kreisen erwachte sein politisches Interesse durch erste Berührungen mit dem Sozialismus. Zudem mag das Einheitsstreben und der Glaube an die Möglichkeit der Überwindung aller Gegensätze Oppenheimer zu seiner utopischen Synthese von Liberalismus und Sozialismus, von Freiheit und Gleichheit geführt haben.
Anstoß für den Entwurf seiner Utopie war der 1890 von Theodor Hertzka erschienene Roman »Freiland. Ein Sociales Zukunftsbild«. Der Roman handelt von einer utopischen Gesellschaft in den fruchtbaren, weitläufi-

gen und vermeintlich leeren Flächen Kenias. Das gesamte Land ist hier Eigentum der Allgemeinheit und wird Genossenschaften zur freien Verfügung gestellt, sofern diese jedermann aufnehmen und ihn je nach Leistungsvermögen an Arbeit und Gewinn beteiligen. Hertzka und seine Anhänger betrachteten den Stoff des Romans als Blaupause einer neu zu gründenden Gesellschaft. Eine Expedition, die die Gegebenheit vor Ort erkunden sollte, scheiterte, da sie nicht genügend Kapital hatte und die britische Kolonialmacht die Weiterreise ins Landesinnere untersagte.

Oppenheimer zeigte sich von Hertzkas landwirtschaftlicher Genossenschaftsidee begeistert. Allerdings war er gegen die Umsetzung in einer vom Weltmarkt abgeschotteten Region, da dies für die Genossenschaft aufgrund der hohen Kosten für den Vertrieb der eigenen Produkte und den Zuzug von Menschen negative Auswirkungen haben würde. In seiner Schrift »Freiland in Deutschland« (1895) äußerte Oppenheimer seine Kritik an Hertzka und entwarf ein eigenes Siedlungskonzept. Denn nicht auf einer Scholle fernab, sondern inmitten der bestehenden Gesellschaft galt es, das Siedlungskonzept zu verwirklichen. Hertzka wiederum kritisierte an diesem Konzept, dass mit wachsendem Wohlstand innerhalb der Genossenschaft die Grundstückpreise in der Umgebung steigen und dadurch die Genossenschaft nicht mehr in der

Lage sein werde zu expandieren und neue Mitglieder aufzunehmen. Dies hätte zur Folge, dass die ersten Siedler davon profitierten, dies aber ohne einen gesamtwirtschaftlichen Effekt zugunsten der sozial Schwachen zu erzielen. Vor allem Bodenspekulanten würden, so der Einwand, von der Wertsteigerung der benachbarten Grundstücke profitieren. Oppenheimer räumte diese Gefahr durchaus ein und entwarf einen Plan, Bodenspekulationen abzuwenden.

Aufgrund einer angemessenen Grundstücksgröße und einer effizienten Strukturierung der Arbeit durch eine professionelle Leitung werde, so Oppenheimer, die Aufnahmefähigkeit neuer Mitglieder nicht beschränkt. Die zunächst ausgedehnte Agrarwirtschaft werde ständig an den Arbeiterstrom angepasst und intensiviert. Je nach Bedarf würden eine flächensparendere Landwirtschaft sowie Handwerke oder industrielle Produktionen eingeführt, die die Arbeitskraft der neuen Mitglieder bänden. Die Selbstständigkeit und Gewinnbeteiligung der Arbeiter würden die Arbeitsmotivation steigern, was wiederum zu einem höheren Verdienst in der Genossenschaft führe. Dieser werde die Arbeitskräfte der Umgebung anlocken, sodass die Konkurrenz um freie Arbeiter die Eigentümer benachbarter Grundstücke dazu zwingen würde, die Arbeitslöhne auch zu erhöhen und ihren Gewinn zu schmälern, bis es für sie nicht mehr lohnt, das Land zu behalten. Um Verluste zu vermeiden, würden die Eigentümer der benachbarten Grundstücke ein Verkauf an eine Genossenschaft zu einem vernünftigen Preis erwägen, so Oppenheimers Annahme. Infolgedessen würden zwangsläufig die Arbeitslöhne auch auf weiteren Grundstücken steigen. So werde von der Genossenschaft aus eine gesamtwirtschaftliche Verbesserung der Lage der Arbeiter ausgehen, was wiederum zu einer Umwälzung der gesamten Gesellschaftsordnung führe.

Oppenheimer setzte sich in der Gestaltung seiner Utopie auch mit Marx und dem klassischen Liberalismus auseinander, jedoch nicht, um sie zu widerlegen, sondern um sie miteinander zu versöhnen. Oppenheimer verstand sich als treuer Anhänger des marxistischen sowie aufklärerischen Prinzips der Verbesserung der Gesellschaft durch die Hebung der untersten Klasse. Ferner zeigte er die Einigkeit von sowohl liberalen als auch sozialistischen Ökonomen in folgendem Punkt: »Wo jedermann Zugang zu freiem Boden hat, da ist Ungleichheit unmöglich.« Auf diesem Konsens setzte Oppenheimer seinen dritten Weg, den liberalen Sozialismus, eine Synthese dieser beiden Wirtschaftsordnungen mit der Bodenpolitik als zentralem Element an.

Nach seiner Berechnung gab es weltweit genug fruchtbaren Boden, sodass alle Menschen autarke Bauern hätten werden können. Allein im deutschen

Kaiserreich hätte die Landwirtschaft die Ernährung für die doppelte Anzahl von Menschen sichern können. Demzufolge entspringe die Ungleichheit nicht dem Mangel an Boden, sondern dessen ungerechter Verteilung, die den Bedürftigen den Zugang dazu sperre. Wie erklärten Marx und die Liberalen die Verteilungsungleichheit und Bodensperre?
Der klassische Liberalismus begründete die Akkumulation von Eigentum mit dem natürlichen Unterschied in Begabung und Fleiß der Menschen. Dieser Erklärungsansatz reichte Oppenheimer nicht. Solange es noch Freiland und Freizügigkeit gebe, bedeute das Eigentumswachstum noch keine Ungleichheit, denn jeder könne noch Platz für seinen Bauernhof finden. Zudem werde die Begabung nicht über Generationen hinweg vererbt, sodass ohne die Besetzung des Bodens sich die Eigentumsverhältnisse langfristig angleichen würden. Demnach sei die Ungleichheit kein natürlicher Zustand, der gegeben und zu akzeptieren sei, sondern eine Folge der Beschränkung der Freiheit.
Auch Marx nennt diesen Legitimationsversuch der herrschenden Eigentumsverhältnisse banal, er gleiche sozusagen dem Basiswissen einer »Kinderfibel«. Dennoch mache dieser, nach Oppenheimer, genau jene »Kinderfibel« zur Grundlage des Kommunismus. Denn in der Verteuflung der freien Konkurrenz sei

Marx von der Überzeugung geleitet, dass die Klassen vor allem durch den Unterschied an Begabung und Fleiß entstanden seien. Seiner Schlussfolgerung läge dennoch die falsche Annahme zugrunde, dass die Gleichheit zwischen Menschen nur durch Aufhebung der wirtschaftlichen Freiheit mittels Planwirtschaft und Abschaffung des Markts wiederhergestellt werden könnte. Oppenheimer machte es sich zur Aufgabe, dieser falschen Grundannahme von Liberalismus und Sozialismus nachzugehen, um von dort aus einen dritten Weg einzuschlagen. Dieser solle sowohl für Gleichheit als auch für Freiheit sorgen.

## »Der Staat« – Geschichte und Soziologie

*Volkstum und Staat, Recht und höhere Wirtschaft,*
*mit allen Entwicklungen und Verzweigungen,*
*die sie schon getrieben haben und noch treiben werden,*
*entstanden gemeinsam in jenem Moment unvergleichlicher*
*weltgeschichtlicher Bedeutung, in dem zuerst der Sieger*
*den Besiegten schonte, um ihn dauernd zu bewirtschaften.*
(Franz Oppenheimer)

Die Frage nach dem Ursprung der Ungleichheit beschäftigte Oppenheimer in besonderem Maße. 1907 legte er eine Schrift vor, die sich der historischen Analyse dieser Frage stellte. »Der Staat«, so der Titel, dürfte Oppenheimers erfolgreichstes Buch gewesen sein. Drei deutschsprachige Auflagen erschienen zu seinen Lebzeiten und es wurde in zahlreiche Sprachen übersetzt. Hier stellt der angehende Soziologe sein Verständnis von Soziologie als eine Universalwissenschaft dar. In dem »Staat« liefert Oppenheimer, der zu den bedeutenden Repräsentanten der historischen Soziologie der Weimarer Republik zählt, ein Beispiel für die Anwendung der Soziologie auf die Geschichte.

Die klassische Historiografie wurde als die Geschichte der großen Männer und Taten verfasst. Diese heroische Geschichtsauffassung wurde im 19. Jahrhundert vom romantischen Persönlichkeits- und Geniekult im Besonderen befördert. Oppenheimer leugnete zwar nicht die Bedeutung herausragender Persönlichkeiten, sah sie aber als überbewertet an, denn ohne die Bedürfnisse der Masse anzusprechen, hätte der Held wenig ausrichten können. Vielmehr bildeten wirtschaftliche Interessen verschiedener sozialer Gruppen die Ursache geschichtlicher Dynamik. Helden veranlassen daher nur die schon dagewesenen Kräfte, die die Masse zur Veränderung ihrer Lage vereine. Somit rückt Oppenheimer die soziale Veranlagung der Gruppe, Klasse oder Schicht ins Zentrum des geschichtlichen Prozesses.

Nach Oppenheimer herrschten zu Menschheitsbeginn noch Freiheit und Gleichheit gleichermaßen. Die erste historische Klasse, die Jäger, konnte nicht viel Reichtum anhäufen und betrieb friedlichen Tausch miteinander. Erst mit der Vieh- und Landwirtschaft entstanden das Kapital sowie zwei gegenüberstehende Klassen, die Hirten und die Bauern. Mit dem Kapital erwuchs auch der Trieb nach sozialem Prestige, Reichtum und Macht, was zwangsläufig die Unterwerfung von Menschen bzw. soziale Gruppen zur Folge hatte. In ihrer Habgier griffen nomadische Hirten die Bauern an, um sie zu plündern und zu versklaven. Alsbald erkannten die Angreifer, dass die Forderung regelmäßiger Tributzahlungen ihren Reichtum schneller vermehrte, anstatt die Bauern umzubringen und ihre Felder zu zerstören. Damit wurde der Einzelne zur Ware und Mittel zum Zweck, Prestige zu erwerben und zu erhalten. Diese Unterwerfung wertete Oppenheimer als die Geburtsstunde des Staates. Der Staat sei also nicht aus einem Gesellschaftsvertrag, wie die liberale Schule, ausgehend von Hobbes und Rousseau, behauptet, sondern durch Gewalt entstanden. Er sei »eine gesellschaftliche Einrichtung, die von einer siegreichen Menschengruppe einer besiegten Menschengruppe aufgezwungen wurde mit dem einzigen Zwecke, die Herrschaft der Ersten über die Letzten zu regeln und gegen innere Aufstände und äußere Angriffe zu sichern. Und die Herrschaft hatte keinerlei andere Endabsicht als die ökonomische Ausbeutung der Besiegten durch den Sieger.« Oppenheimers soziologisch historische Untersuchung führt die Ungleichheit nicht auf eine natürliche Entwicklung, sondern auf staatliche Gewalt und Unterdrückung zurück.

In seiner Kritik an den Liberalen erkannte auch Marx das Gewaltmoment bei der Entstehung des Staats. Das Kapitalverhältnis werde durch die Institution der Familie friedlich weiter reproduziert. Diese Schlussfolgerung seines verehrten Lehrers bestritt Oppenheimer. Marx lenkte mit dem Historischen Materialismus den Blick auf die Produktions- und Kapitalverhältnisse sowie auf das soziale Gefüge. Jedoch war

Oppenheimer der Ansicht, dass Marx nicht deutlich genug zwischen den verschiedenen verfügbaren Mitteln unterscheide, mit denen die herrschende Klasse ihr Kapital vermehrt. Die Sklaverei und die Tributzahlungen, die ersten Institutionen des Kapitalverhältnisses, sind durch gewalttätigen Raub erschaffen und durch staatliches Gewohnheitsrecht aufrechterhalten worden. Diese nennt Oppenheimer politische Mittel und grenzt diese vom ökonomischen Mittel zur Kapitalakkumulation ab, welches er als zwanglosen Gütertausch versteht. Die Entstehung des Staates bedeute die Verschmelzung politischer Gewalt mit wirtschaftlichen Abläufen und seine Fortdauer die Ursache der Ungleichheit. Denn die Funktion des Staates sei die Organisation und Legitimierung des politischen Mittels, des gesetzmäßigen Raubes.

In seinem soziologischen System suchte Oppenheimer nach universellen Prinzipien, die er während seiner naturwissenschaftlichen Ausbildung als Arzt schätzen lernte, um nun anstelle des individuellen Organismus die ihm als Organismus vorkommende Gesellschaft zu analysieren und zu heilen. Er wechselte von der Sozialmedizin zur praktischen Soziologie. In seiner anthropologischen Darstellung entwarf er allgemeine Gesetze in Bezug auf das sozialpsychologische Handeln von Gruppen und Individuen, die ihm die Prognosen zukünftiger Tendenzen ermöglichen sollten. Grundlage allen Handelns sei die Befriedigung des Triebes mit möglichst kleinem Aufwand. Daraus folgerte Oppenheimer historische Gesetzmäßigkeiten. Mit wachsender Unterdrückung werden die (sesshaften) Bauern von ihrem Land vertrieben und zur Wanderung genötigt, um freies Land zu suchen. Diese »Strömung vom Orte höheren ökonomischen und sozialen Druckes zum Orte geringeren Druckes auf der Linie des geringsten Widerstandes« bildete für Oppenheimer eine wichtige geschichtliche Tendenz. Für Oppenheimer war »alle Weltgeschichte … im Kern *Geschichte von Wanderung*«. Aufgrund des unhaltbaren Expansionsdrangs von Staaten sank das Angebot an freiem Land stetig. Die Oberschicht benötigte immer wieder aufs Neue Sklaven zur Bewirtschaftung von unbebautem Land oder wiederum Land, um ihrem Überangebot an Sklaven gerecht zu werden. Während Sklaven und kleinere Landbesitzer im geschichtlichen Lauf die Freiheit und Freizügigkeit erkämpft hatten, blieb ihnen das fruchtbare Land Europas durch Großeigentümer aus der Oberschicht weiter versperrt. In dieser »Bodensperre« sah Oppenheimer den Kern der sozialen Frage.

Das Ausmaß der Wanderung ließe sich, so Oppenheimer, durch gewaltfreien Abbau des Bodenmonopols lenken, denn sie folge einer Gesetzmäßigkeit, die der preußische Agrarwissenschaftler Theodor Goltz fol-

gendermaßen formulierte: »Mit dem Umfang des Großeigentums parallel und mit dem Umfang des bäuerlichen Besitzes in umgekehrter Richtung wächst die Wanderung.« Ziel der Wanderung seien die Städte, die freie Arbeit anböte. Der freie Handel in der Stadt befördere Fleiß, Innovation und soziale Mobilität, die Arbeiterschaft könne zudem den Großteil ihres Verdienstes für sich behalten. »*Die Gewerbsstadt ist der Gegenpol und Widerpart des Staates*; wie er das entfaltete politische, *so ist sie das entfaltete ökonomische Mittel!*«
Oppenheimers »Gewerbsstadt« hatte mit der Realität der industriellen Arbeiter in den Großstädten um jene Zeit wenig gemeinsam. Er stellte sich eher die Arbeit freischaffender Handwerker vor. Auch Landarbeiter kämen in den Genuss dieser »städtischen« Freiheit, wenn selbstständige Arbeit durch Aufhebung der Bodensperre auch auf dem Land eingeführt würde. Damit unterschied sich Oppenheimer von den Marxisten in der Festlegung der untersten Klasse. Während sich die Marxisten auf das Industrieproletariat konzentrierten, setzte sich Oppenheimer für die verarmten Bauern ein, bevor diese in Scharen in die Städte einwandern, sich dem Industrieproletariat anschlössen und den Lohn der Fabrikarbeiter weiter nach unten drückten. Ferner würden mit dem Nachlassen sozialen Drucks auf dem Land die verelendeten Städter in diese dünn besiedelten Gebiete in einer »inne-

ren Kolonisation« zurückkehren. Infolgedessen würde der Lohn der Fabrikarbeiter wieder steigen und die Städte entlastet.
Die geschichtliche Darstellung Oppenheimers untermauerte seine Vision eines dritten Weges zwischen Kapitalismus und Kommunismus. In diesem müsse nicht zwischen Freiheit oder Gleichheit gewählt werden, da sie im Gegenteil miteinander auf das Engste zusammenhingen. Allerdings verstand Oppenheimer unter Gleichheit nicht die Gleichverteilung materieller Güter, sondern die gerechte Entlohnung für geleistete Arbeit durch Gleichheit im Zugang zu den Produktionsmitteln, allen voran der Zugang zu Boden.

## Siedlungsgenossenschaften und Bodenreform

*Der Vorteil des Oppenheimerschen Systems schien mir von vornherein darin zu liegen, daß das Siedlungsgut zunächst mal intensiv weiterbewirtschaftet wird, daß der Administrator Gelegenheit hat, eine Auslese der Siedler zu treffen, die Ertragsmöglichkeiten des Bodens zu studieren, und daß auch später eine gewisse Verbundenheit der Angesiedelten mit dem restierenden Großbetriebe bleibt.*
(Otto Braun)

Oppenheimers utopischer antimarxistischer Sozialismus und sein Fokus auf der Bodensperre brachte ihn in Verbindung mit anderen Bodenreformern, die die soziale Frage als Bodenfrage erachteten. Demnach stellten diese im Gegensatz zur Arbeiterbewegung nicht die Arbeitsbedingungen, sondern die Besitzverhältnisse an Grund und Boden ins Zentrum ihrer Reformbemühungen. In der Idee der Siedlungsgenossenschaft sah Oppenheimer eine Möglichkeit, Großgrundeigentümer durch Senkung ihrer Grundrente unter Druck zu setzen, ohne sie zu enteignen oder andere politische Mittel anwenden zu müssen. Damit zählte er, wie auch sein Vorbild Theodor Hertzka, zu dem agrarsozialistischen Flügel des 1898 gegründeten Bundes Deutscher Bodenreformer. Adolf Damaschke, seit dessen Grün-

dung bis 1935 Vorsitzender des Bundes, lenkte den Fokus der Bodenreformer allerdings eher auf die Spekulationen mit städtischem Grund.
In den 1920er Jahren wuchs die Anhängerschaft der Bodenreformer enorm und es ließen sich erste Erfolge verbuchen. Einige Städte und Gemeinden führten Steuern ein, welche den raschen Anstieg des Bodenpreises durch Urbanisierung und Industrialisierung berücksichtigten. Trotz Oppenheimers Vorwurf gegen Damaschke, dass er die »große Menschheitssache zu einer bürgerlichen Steuerangelegenheit verniedlicht« habe, beteiligte er sich weiter an den Aktivitäten und Diskussionen des Bundes und lieferte ihm eine theoretische Grundlage für dessen antimarxistische Argumentation. Eine umständliche Gesetzgebung betrachte Oppenheimer als überflüssig, um die Störungsursache, nämlich die Bodensperre, zu beseitigen. Für die friedliche Umwälzung der Gesellschaft wäre lediglich der Anstoß durch einige Freiwillige und genügend Land für ein paar Siedlungsgenossenschaften nötig.
Hertzkas Roman beflügelte Oppenheimer und Andere zum Versuch, die Utopie in die Tat umzusetzen. Es wurden daraufhin Freiland-Vereine gegründet. Eines der ersten Siedlungsexperimente hoben Berliner Freiländer, unter ihnen Oppenheimer sowie der Friedrichshagener Dichterkreis, aus der Taufe. 1893 gründeten sie die Obstbausiedlung *Eden* in Oranienburg

nördlich von Berlin. Der sandige Boden und die in der Landwirtschaft unerfahrenen Städter sorgten für schlechte Anfangsbedingungen. Dennoch sah sich Oppenheimer angesichts der Erfolge in der Verminderung der Säuglingssterblichkeit und der sinkenden Kriminalitätsrate in seiner landwirtschaftlichen Siedlungsgenossenschaftsidee bestätigt.
Oppenheimer beteiligte sich zwar nicht direkt an der Gründung von *Eden*, jedoch an der Ausarbeitung der Statuten. Diese spiegelten seine sozialökonomische Orientierung wider. Die Genossen wurden durch langfristige Verträge mit einem Vorrecht auf weitere Verlängerungen vor einer Kündigung geschützt. Zudem war es ihnen gestattet, ihren Pachtanspruch zu vererben. Während das Land im Gemeinbesitz war, gehörten die Gebäude den Pächtern, sodass die Freiheit individueller Gestaltung erhalten blieb. Wenn auch jedem Mitglied die politische Orientierung freistand, gab es dennoch rigide Statuten, die beispielsweise das Rauchen und den Fleisch- und Alkoholkonsum untersagten. Da Oppenheimer weder Vegetarier noch einem guten Tropfen abgeneigt war und zudem leidenschaftlich Zigarren rauchte, kam ein Umzug nach *Eden* nicht in Frage. Den exklusiven Charakter dieser Siedlung beurteilte Oppenheimer als kontraproduktiv im Hinblick auf eine ökonomische wie gesamtgesellschaftliche Wirkung. Er widmete sich

fortan der wissenschaftlichen Analyse des Genossenschaftswesens. Er schuf eine ausführliche Typologie von verschiedenen Genossenschaftsarten in Anlehnung an sozialpsychologische Kategorien. Seine Kategorisierung leitete er aus einer historischen Analyse von Verhaltensmustern innerhalb ökonomischer Gemeinschaften ab. Sein Ergebnis war, dass die landwirtschaftliche Produktivgenossenschaft (Siedlungsgenossenschaft) das größte Entfaltungs- und Aufnahmepotential berge. Damit stellt sie eine alternative Gesellschaftsordnung zur hierarchischen staatlichen Herrschaft dar, und somit einen Prototyp der zukünftigen »Freibürgerschaften«.

Neben der erwähnten Exklusivität war *Eden* rein von der Fläche her zu klein, um einen wirtschaftlichen Wandel herbeiführen zu können. Oppenheimers Plan sah große Flächen und eine sparsame Bewirtschaftung vor, welche mit wachsender Bevölkerung weiter intensiviert werden könne. Auf die anfänglich großflächige Ackerwirtschaft sollten allmählich Obstbau, Viehzucht und Handwerk folgen. Oppenheimers erste Bemühung, Mittel für eine größere Genossenschaft aufzubringen, scheiterte 1895. Erst ein Jahrzehnt später verfügte er über ausreichende Mittel für den Kauf des Gutes Wenigenlupnitz bei Eisenach. Aufgrund des unfruchtbaren Bodens und widriger klimatischer Bedingungen verkaufte Oppenheimer das Gut bereits

1907 wieder, was zu erheblichen Vermögenseinbußen führte, da er zudem Einlagen von Investoren zurückzahlen musste. Obwohl er das Scheitern des Unternehmens nicht mit dem Scheitern der Idee gleichsetzte, konnte er die Öffentlichkeit von seiner Idee einer Siedlungsgenossenschaft kaum überzeugen, stattdessen wurde sie fortan abwertend als die »Oppenheim'sche Utopie« kolportiert, der keine Zukunft auf deutschem Boden attestiert wurde. Allerdings sollte seine Siedlungsgenossenschaftsidee durch die unerwartete Bekanntschaft mit Theodor Herzl doch noch auf fruchtbaren Boden fallen, und zwar in Palästina (1911).

Die Situation in Deutschland änderte sich nach dem Ersten Weltkrieg grundlegend. Der Sturz des Kaiserreichs und die Gründung der Weimarer Republik schufen ein für soziale Experimente politisch empfängliches Klima. Zudem besetzten nun Anhänger von Oppenheimers Theorien wichtige staatliche Funktionen, wie beispielsweise Hans Krüger, Staatssekretär im preußischen Landwirtschaftsministerium. Mit dem Segen des damaligen Landwirtschaftsministers und späteren Ministerpräsidenten Otto Braun wurde Oppenheimer das ehemalige Rittergut Bärenklau zur Verfügung gestellt. Auf einer Vortragsreise an verschiedenen holländischen Universitäten, die auf Einladung von niederländischen Bodenreformern von der *Grondpartij*

*Franz Oppenheimer mit seinen Söhnen Heinz (links) und Ludwig als Soldat im Ersten Weltkrieg (rechts), um 1916*

(Bodenpartei) erfolgte, beschaffte er das Anfangskapital für Bärenklau. Des Weiteren steuerte *Eden* zusätzliches Geld bei, da dort der Platz für die jüngere Generation nicht mehr ausreichte.
Obwohl die 1920er Jahre in Deutschland wirtschaftlich ungünstig waren, wuchs Bärenklau bis 1931 auf 440 Einwohner. Um die eigenständige Verantwortung zu fördern, wurden die einzelnen Genossen am Gewinn und dessen Verzinsung beteiligt, sofern die wirtschaftliche Krise der ausgehenden 1920er Jahren dies zuließ. Soziale Kommunaleinrichtungen wurden geschaffen, wie ein Versammlungsaal mit alkoholfreiem Gasthaus, eine Wäscherei, ein Badehaus, eine Schwesternwohnung, ein Krankenzimmer und ein Ledigenwohnheim. Zudem stand den Bewohnern eine Räucherkammer, eine Mühle und Bäckerei sowie ein Konsumvereinsladen zur Verfügung. Eine Kreditanstalt wurde geschaffen, um auch Mittellosen das Aufbringen der Erbpacht zu ermöglichen. Nach gleichem Muster wurden zwei weitere Großgüter erworben und zu Siedlungsgenossenschaften umgewandelt: Lüdersdorf bei Wriezen (1928) und Döben bei Gnadau (1931). Dennoch blieb der Erfolg nicht zuletzt aufgrund der ungünstigen wirtschaftlichen Rahmenbedingungen sowie des Zusammenbruchs der Republik begrenzt. Die erhoffte Dynamik der Siedlungsgenossenschaft blieb aus.

*Franz Oppenheimer in späteren Jahren in Lüdersdorf (um 1930)*

## Akademische Soziologie

*Denn auch die Soziologie hat, wie alle Wissenschaft,*
*als letzte Aufgabe die zugewiesene erhalten,*
*dem Leben zu dienen.*
(Franz Oppenheimer)

Nachdem Oppenheimer schon einige wissenschaftliche Werke veröffentlicht hatte, unternahm er den Versuch, eine Anstellung an der Königlichen Friedrich Wilhelm Universität in Berlin zu bekommen. Wenig später hielt der redebegabte Oppenheimer dort seine ersten Vorlesungen (1909) als Privatdozent, die ein Publikumsmagnet waren. Zu einem Vortrag über Marx hatte er über 1 000 Zuhörer. 1917 wurde Oppenheimer zum Titularprofessor ernannt.
Als Oppenheimer seine Lehrtätigkeit aufnahm, gab es in Deutschland noch kein eigenständiges akademisches Fach Soziologie. 1909 wurde auf die Initiative von Georg Simmel und Rudolf Goldscheid die *Deutsche Gesellschaft für Soziologie* gegründet, ganz nach dem Modell der schon von Goldscheid zwei Jahre zuvor in Wien mitinitiierten *Soziologischen Gesellschaft*. Ziel der DGS war es, die Etablierung der Soziologie als akademische Disziplin zu befördern. Neben Max Weber, Georg Simmel und Ferdinand Tönnies, der der Gesellschaft bis kurz vor ihrer

Selbstgleichschaltung und -stilllegung 1934 vorstand, gehörte auch Oppenheimer zu den Unterzeichnern des Aufrufs zur Gründung der DGS. Alle zwei Jahre stattfindende Soziologentage sollten zur Vernetzung derjenigen beitragen, die sich für die neue Disziplin Sozialwissenschaft interessierten. Diese dienten auch als Austragungsort für die methodischen Selbstfindungskämpfe der frühen deutschen Soziologie. In der Kodifizierung vom soziologischen Wissen in Lehrbüchern bestand eine weitere wichtige Institutionalisierungsaufgabe, wozu Oppenheimer erheblich beitrug. Von 1922 bis 1935 veröffentlichte er sein umfangreiches »System der Soziologie«, das insgesamt vier Bände und über 4000 Seiten umfasste. Zudem war er Mitherausgeber des 1931 erschienenen »Handwörterbuchs der Soziologie«.

Erst in der Weimarer Republik wurde die Soziologie als eigenständiges Fach an deutschen Universitäten eingeführt. Denn die Gründer der neuen Demokratie erhofften von ihr die Umerziehung des Volks zu Staatsbürgern. Oppenheimer, der nie an der politischen Aufgabe der Soziologie zweifelte, bekleidete 1919 den ersten Lehrstuhl für Soziologie in Deutschland. Er verstand die Soziologie in der Tradition vom Graf Claude-Henri de Saint-Simon, dem Bodenreformer und Begründer der französischen Soziologie, als die »Geschichte der Zukunft«. Oppenheimer war

bemüht, die preußische Regierung, insbesondere die SPD, von seinem wissenschaftlichen Weg zum Sozialismus zu überzeugen. Erst 1927 wurden seine Ideen in das Agrarprogramm der SPD integriert, jedoch ohne praktische Folgen.
Als Arzt und Soziologe vertrat er die Position, dass die Gesellschaft einen sich stetig erneuernden und an die Umgebung anpassenden Organismus darstelle. In Anlehnung an das Wissenschaftsverständnis von Auguste Comte, der den Begriff »Soziologie« erfand, befürwortete Oppenheimer eine naturwissenschaftlich positivistische Untersuchung, um die Gesetzmäßigkeit der streng deterministischen Gesellschaft zu entdecken und ihre infolge des Klassenstaates auftretenden Krisen wie Krankheiten zu beseitigen, bis das harmonische Gesundheitsideal der herrschaftsfreien »reinen Ökonomie« (wieder)hergestellt ist. Die naturwissenschaftliche Methode wurde zwar gegen die geistes- und kulturwissenschaftliche Methode innerhalb der DGS durchgesetzt. Aber für Oppenheimers Auffassung der Soziologie als eine Universalwissenschaft schien es keinen Platz in der sich stetig differenzierenden Bildungslandschaft zu geben. Angesichts des Widerstands von Historikern wie Leopold von Treitschke gegenüber der jungen Soziologie schien es strategisch kühn, die Soziologie als gesonderte Einzelwissenschaft zu gestalten, um der Konkurrenzangst entgegenzuwirken.

*Franz Oppenheimer im Kreis von Mitarbeitern und Studenten seines Soziologischen Seminars (um 1925); unter ihnen sein Sohn Ludwig (obere Reihe, 4. von links) und Ludwig Erhard (dritte Reihe, 1. von rechts)*

Die Institutionalisierung der akademischen Soziologie in Deutschland ging nur langsam voran. Der Widerstand der alteingesessenen Universitäten führte dazu, dass vor allem neue, private Universitäten wie in Köln oder Frankfurt soziologische Lehrstühle errichteten. An der Fakultät für Wirtschafts- und Sozialwissenschaften der Universität Frankfurt stiftete der Kaufmann Karl Kotzenberg den ersten Soziologielehrstuhl unter der Bedingung, Franz Oppenheimer auf diese Stelle zu berufen. Gegen den Wunsch der Fakultät bestand Oppenheimer darauf, dass die Professur neben Soziologie auch theoretische Nationalökonomie beinhalten sollte. Krankheitsbedingt nahm Oppenheimer erst mitten im Sommersemester 1919 seine Lehrtätigkeit auf. Diese bestand aus Vorlesungen zur Geschichte des Sozialismus, der Nationalökonomie, der allgemeinen Soziologie sowie jenem von ihm aktuell erforschten »System der Soziologie«. Oppenheimer und sein späterer Nachfolger Karl Mannheim sowie weitere Dozenten, die zumeist bei Oppenheimer habilitierten, bauten Frankfurt a. M. zum regionalen Zentrum der deutschen Soziologie auf. Oppenheimers »Frankfurter Schule« war durch den interdisziplinären Ansatz und die Behandlung politikwissenschaftlicher Themen gekennzeichnet.
Obwohl beruflich endlich etabliert, waren die Frankfurter Jahre sowohl persönlich als auch beruflich

nicht einfach. Der Verlust seiner zweiten Frau, Mathilda Hanna Horn, geb. Holl, sowie des ungeborenen Kindes im Jahr 1921, war für ihn schwer zu verkraften. Zumal er bereits seine Tochter Eva im Jahr 1912 im Alter von 18 Jahren verloren hatte, woraufhin er seine als unglücklich bezeichnete erste Ehe auflöste. In Erinnerung an Eva wurde die nun vierjährige Tochter aus zweiter Ehe Antonie Ellen Renata genannt. Der

*Oppenheimers Kinder, Mitte der 1920er Jahre: Heinz (links) und Ludwig (rechts) aus erster Ehe mit Martha, geb. Oppenheim, und Tochter Renata aus der zweiten Ehe mit Mathilda, geb. Holl, gesch. Horn*

Name Renata stammt aus dem italienischen und bedeutet »die Wiedergeborene«.
Bei seinen Professorenkollegen stieß Oppenheimer zudem auf Missmut, da ihnen seine Lehre zu praxisfern erschien. Sein berühmtester Schüler Ludwig Erhard bezeugte die abwertende Haltung gegenüber seinem Lehrmeister innerhalb der Fakultät: »Als es mir zu viel wurde, ging ich ins Dekanat, faßte mir ein Herz und fragte, ob und wo man denn hier Wissenschaft geboten bekäme. Man sagte mir etwa: ›Ja, da ist schon einer da; er heißt Franz Oppenheimer, aber ich muß Ihnen gleich dazu sagen, daß Sie bei ihm nicht promovieren können. Das ist ein Außenseiter an unserer Universität; er hat auch eine ganz spezifische Lehre entwickelt, aber damit können Sie im Examen überhaupt nichts anfangen.‹«
Trotz des Abratens erfolgte doch die Promotion auf eine für Oppenheimers Humor bezeichnende Weise. 1925 sagte er Erhard auf einer Bergwanderung: »Jetzt verleihe ich Ihnen den ›höchsten‹ akademischen Grad – nämlich in 3000 Meter Höhe!«
Häufig musste sich Oppenheimer aufgrund von Krankheiten beurlauben lassen. Diese Zeit nützte er allerdings effektiv aus, um an seinem monumentalen »System der Soziologie« zu arbeiten. 1929 ließ sich Oppenheimer emeritieren. Das Angebot, weitere drei Jahre zu unterrichten, lehnte er entschieden ab. Mit größerer Freude ließ er sich in seiner Genossenschaft Lüders-

dorf unweit seiner geliebten Heimatstadt Berlin nieder. Sein Wunsch, am Lebensabend das Erreichte in aller Ruhe zu genießen, wurde ihm allerdings verwehrt.

## Antisemitismus und Zionismus

*»Meines Vaters Großvater wohnte am Rhein,*
*und vor ihm wohl zehn Geschlechter,*
*und da sollt' ich kein Deutscher sein,*
*kein eingeborener, echter?*
*Meines Oheims Blut gab rote Spur*
*bei Alsen an der Fähre,*
*mein Vetter fiel bei Mars la Tour*
*im Kampf für Deutschlands Ehre.*
*Ich sah, wie im Aug' die Träne schwoll,*
*als von Sedan die Kunde scholl,*
*dem Vater, er weinte selten:*
*und Ihr wollt uns Fremde schelten?«*

Als Franz Oppenheimer nach seiner Emeritierung im brandenburgischen Lüdersdorf seine Lebensgeschichte niederschrieb, erinnerte er sich an jenes Gedicht, das er als Fünfzehnjähriger verfasst hat. Damals blieben auch dem Pennäler die sich in allen Gesellschaftskreisen ausbreitenden antijüdischen Ressentiments nicht verborgen. Oppenheimers Lebenserinnerungen sind geprägt durch seinen stetigen Kampf gegen den Antisemitismus und die zu jener Zeit stark in den Fokus gerückte Rassenlehre. Er hegte erhebliche Zweifel an der Wissenschaftlichkeit von rassentheoretischen Untersuchungen. In einem Vortrag auf dem zweiten Soziologentag 1912 sprach er sich vehement gegen die Rassenlehre aus und versuchte deren Einzug in die Soziologie zu verhindern. Er sparte nicht an Kritik gegenüber den Wortführern, wie Houston Stewart Chamberlain, dessen Buch »Grundlagen des Zwanzigsten Jahrhunderts« Oppenheimer als pseudowissenschaftliches Geschwätz und die darin anklingende Germanomanie für eine (sich seinerzeit leider epidemisch ausbreitende) Geisteskrankheit erklärte, woraufhin Zuhörer den Saal verließen. Jene Germanomanie sei, so Oppenheimer, eine Krieg und Herrschaft verherrlichende Ideologie, aber keine Wissenschaft. Er stellte die Existenz und Bedeutung von Rassen nicht grundsätzlich infrage, sondern kritisierte vielmehr ihre Erhebung zum einzigen und wesentlichen Einfluss auf die Menschen, ohne soziale und existentielle Bedingungen zu erwägen und empirische Vergleiche zwischen ethnischen Gruppen, die unter ähnlichen Bedingungen leben, durchgeführt zu haben. Zudem standen für Oppenheimer Rasse und Nation nicht am Anfang der Geschichte als eine gemeinsame mythische Herkunft fest. Hingegen seien sie in fortwährender

Entstehung begriffen. Demnach sah Oppenheimer keinen Widerspruch zwischen jüdischer »Abstammung« und der Zugehörigkeit zur deutschen Nation: »was heut Deutsche heißt, ist ein Gewebe, in das Germanen, Kelten, Slaven, Romanen, einzelne Mongolen und Finnen und wir Juden als Fäden eingegangen sind. Was uns mit unserem verschieden Blut dennoch alle zu Deutschen macht, ist die gemeinsame Sprache und gemeinsame Geschichte, gemeinsames Glück und gemeinsame Not.« Demgemäß bedeutete der Zionismus für ihn keinen Bruch mit seinem Vaterland Deutschland, vielmehr war dieser Ausdruck von Sympathie für seine unter Verfolgung leidenden Stammesgenossen in Osteuropa.

Um die Jahreswende 1901/2 schrieb Oppenheimer, der bereits im Rahmen vom »Verein zur Förderung der Bodenkultur unter den Juden Deutschlands« Juden an der »inneren Kolonisation« beteiligen wollte, für die zionistische Zeitung *Die Welt*, wie »jüdische Siedlungen« als Grundlage für den Aufbau eines neuen Staates dienen könnten. Nach dessen Lektüre wandte sich Theodor Herzl, voller Begeisterung an Oppenheimer und teilte diesem mit, dass er sich für die Gründung einer Siedlungsgenossenschaft in Palästina nach seinem Modell entschieden habe. Herzls Zustimmung zur Besiedlung Palästinas bedeutete eine einschneidende Wende in der offiziellen Politik der zionistischen Bewegung. Bis zu diesem Zeitpunkt lehnten die von Herzl geführten politischen Zionisten eine organisierte Einwanderung ab, um die diplomatischen Verhandlungen um das Gebiet weder mit dem Osmanischen Reich noch mit Großbritannien zu gefährden. Zudem hatte Herzl befürchtet, dass ansteigende Bodenpreise im Zuge sukzessiver Landkäufe die Finanzkraft der zionistischen Organisation sprengen würden.

Auch Herzl las Hertzka mit Begeisterung. Oppenheimers Abhandlungen über Hertzka und die Vorteile des Genossenschaftswesens trugen zu Herzls Umschwung bei. In Oppenheimer glaubte Herzl einen Verbündeten gefunden zu haben, mit dem er die Gruppen in der Bewegung miteinander versöhnen könnte. Wie Oppenheimer hatte auch Herzl den festen Glauben, ihre Utopie umsetzen zu können. Diese Überzeugung findet seinen prägnantesten Ausdruck in Herzls Roman »Altneuland«, dessen Untertitel lautet: »Wenn ihr wollt, ist es kein Märchen.« Im darin enthaltenen Kapitel »Neudorf« legt Herzl seine sozialreformerische Version einer kooperativen Siedlung dar. Die noch unvollendete Version dieses Kapitels schickte Herzl Oppenheimer zur Lektüre.

Auf dem sechsten Zionistenkongress in Basel 1903 referierte Oppenheimer auf Einladung Herzls über den Aufbau einer jüdischen Genossenschaftssiedlung

in Palästina. Daraufhin wurde er zum Mitglied der neu gegründeten Kommission zur Erforschung Palästinas gewählt. Ziel dieser Kommission war es zu analysieren, welche Herausforderungen zu berücksichtigen seien, um eine zentral gesteuerte Einwanderung nach Palästina und dessen wirtschaftliche Erschließung zu organisieren.

*Franz Oppenheimer (Bildmitte mit weißem Anzug) 1913 in der Siedlungsgenossenschaft Merchawia*

Herzl starb kurz nach dem Kongress und erlebte die Gründung von Oppenheimers erster und einziger Siedlungsgenossenschaft in Palästina *Merchawia* (hebräisch für »Gottes Weite« in Anlehnung an Psalm 118, Vers 5) im Jahr 1911 nicht mehr.
Mit dieser wurde Oppenheimers Konzeption sozialer Reform durch landwirtschaftliche Arbeit zum

festen Bestandteil offizieller zionistischer Ideologie.
Der Erste Weltkrieg erschwerte die Wirtschaftslage und *Merchawia* wurde zum Kriegsquartier diverser Truppen, einschließlich einer bayrischen Fliegerabteilung. Es kam zu Internierungen der Arbeiter durch die verschiedenen Armeen. Zudem gab es Konflikte mit den einheimischen Arabern. Einerseits wurde die Siedlung von manchen Einheimischen als Bedrohung empfunden, anderseits verweigerte die nationalistische Arbeiterschaft die Integrierung arabischer Arbeiter sowie die Verwendung einheimischer Produkte, was zu erhöhten Lohn- und Materialkosten führte. Diese nationalistische Einstellung widerstrebte Oppenheimers Idee des liberalen Sozialismus. Nur durch die Offenheit der Siedlungsgenossenschaften für alle Arbeiter ungeachtet ihrer Herkunft war die Bodensperre zu besiegen.
Zu guter Letzt führte die kommunistische Orientierung der Arbeiterschaft zu Streitigkeiten mit der Leitung. Sie akzeptierten die Lohndifferenzierungen nicht und forderten von vornherein weitgehende Beteiligungen an Betriebsentscheidungen, während Oppenheimer sich in der Gründungsphase für eine professionelle Leitung aussprach. Oppenheimer und sein Schüler Salomon Dyk unterlagen in der Auseinandersitzung um die Orientierung von *Merchawia* und

Dyk musste 1914 von der Leitung der Genossenschaft zurücktreten. Nach dem Krieg setzte ihn Oppenheimer in der Leitung von Bärenklau ein. 1918 wurde die Genossenschaft aufgelöst. Dennoch wurde das Land durchgehend bewirtschaftet. Heute tragen den Namen *Merchawia* sowohl ein im Jahr 1929 gegründeter Kibbuz als auch eine 1924 gegründete Genossenschaft (*Moschaw Owdim*). Letztere wurde aus Oppenheimers Idee der Bewahrung des Privateigentums und der individuellen Freiheit sowie mit der praktischen Erfahrung in der Siedlungsgenossenschaft *Merchawia* geboren.
Als sich die Zionistische Vereinigung für Deutschland kurz vor dem Ersten Weltkrieg von der Verankerung im Heimatland lossagen wollte, ging Oppenheimer zu ihr auf Distanz. Die Forderungen, dass jeder Zionist sich freiwillig aus der deutschen Öffentlichkeit zurückziehen und die Auswanderung nach Palästina zum Lebensziel erklären sollte, glich seiner Ansicht nach einem Verrat an den anderthalb Jahrhundert währenden Gleichberechtigungskampf des deutschen Judentums. Zudem betrachtete er die Gewissensprüfung als kontraproduktiv, da sie viele Juden und Nicht-Juden ausgrenze, die den Zionismus aus philanthropischen Gründen unterstützen möchten. Dies führte ihn in direkten Konflikt mit den jüngeren aufstrebenden Zionisten.

Mitglieder der alten Garde der deutschen Zionisten gründeten gemeinsam mit jüdischen Deutschen, die keine Zionisten beziehungsweise Antizionisten waren, das »Komitee für den Osten«. Jene wollten die Angelegenheiten der Juden in den besetzten Gebieten Osteuropas bei dem deutschen Militär vertreten. Oppenheimer stellte den deutschen Behörden die osteuropäischen Juden aufgrund der mit dem Deutschen verwandten Jiddischen Sprache als mögliche Verbündete bei der Einverleibung und »Germanisierung« dieser Territorien dar. Schließlich trat er für die Realisierung einer nationalen Autonomie für die jüdische Minderheit in Osteuropa ein. Während seiner Frontbesuche machte Oppenheimer persönliche Bekanntschaft mit Paul von Hindenburg und seinem Stabschef Erich von Ludendorff, die bis 1916 das Oberkommando vom »Ober Ost« innehatten. Zudem beschäftigte sich Oppenheimer im Kriegsministerium mit der Organisation der Kriegswirtschaft und sozialpolitischen Angelegenheiten der Arbeiterschaft. Die unsägliche sogenannte Judenzählung zur Nachprüfung der Vorwürfe der »jüdischen Drückebergerei« vom Frontdienst verurteilte Oppenheimer in seiner kritischen Untersuchung »Die Judenstatistik des preußischen Kriegsministeriums« auf das Schärfste.

## Flucht und Hoffnung

*Trotz Völkerbund und Kellog-Pakt sind wir keineswegs sicher vor einem neuen, noch grauenhafteren Zusammenstoß der in Waffen klirrenden Mächte, vor einem Massenmord und einer Massenzerstörung, zu denen sich die des letzten Krieges verhalten werde wie eine leicht hingeworfene Skizze zu dem voll ausgeführten Großgemälde.*
(Franz Oppenheimer)

Auch wenn Oppenheimer, wie viele seiner Zeitgenossen, das Phänomen Faschismus verkannt hatte, versuchte er durch die Verbreitung seiner Schriften ein öffentliches Bewusstsein für die sich anbahnende Kriegsgefahr infolge von Rassismus und übersteigertem Nationalismus zu schaffen. Anfang 1933 erschien sein Manifest »Weder so noch so. Der dritte Weg«. Darin stellt er seinen liberalen Sozialismus allgemeinverständlich als Alternative zum Antikapitalismus der Kommunisten, Sozialdemokraten und Nationalsozialisten vor. Wenige Wochen nach dessen Erscheinen zogen es die nun an die Macht gelangten Nationalsozialisten aus dem Verkehr. Zwei seiner Bücher wurden auf die Schwarze Liste gesetzt und im Mai 1933, während der landesweiten Bücherverbrennungen, in die Flammen geworfen. 1938 wurden seine restlichen

Schriften auf Befehl der Gestapo eingezogen und vernichtet.
Nichtsdestotrotz blieb er optimistisch und glaubte bis zuletzt daran, dass die Nationalsozialisten »den Geist nicht umbringen« können. Dementsprechend vermittelte er seine Kritik und die Vision eines vereinten Europas weiter und zwar in der Form eines utopischen Romans, den er mit dem Titel »Sprung über ein Jahrhundert« überschrieb. 1934 erschien die Schrift in der Schweiz unter dem Pseudonym Francis D. Pelton. Das Buch wurde auch in Deutschland vertrieben, gelesen und sogar in kleinem Kreis diskutiert, bis die wahre Identität des Autors bekannt wurde. Der Utopieforscher Richard Saage lobte diesen Roman als einen gegenüber anderen »weitaus originellere[n] Beitrag zum Utopiediskurs der Zwischenkriegszeit«. Oppenheimer widerstrebte jedoch zeitlebens die Etikettierung »Utopist«. Utopie verstand er als Ziel ohne Weg. In seinem »Sprung über ein Jahrhundert« sah er durchaus realistische Ansätze, um Europa zu befrieden. Und wie sich zeigen sollte, wurden einige seiner darin formulierten Ansätze durchaus Realität, wie beispielsweise die soziale Marktwirtschaft, die Etablierung der USA als Ordnungsmacht und die europäische Vereinigung beginnend mit der Versöhnung zwischen Deutschland und Frankreich.

*Ein Besuch im Berliner Zoo. Franz Oppenheimer mit Schwiegertochter Else und Enkelsohn Michael, Mitte der 1930er Jahre*

Im Zuge des »Gesetzes zur Wiederherstellung des deutschen Berufsbeamtentums« wurden Oppenheimers Altersbezüge als emeritierter Professor ausgesetzt und ihm stattdessen eine stark reduzierte Pension zugebilligt. Ebenso verlor sein Sohn Ludwig seine Dozentenstelle in Berlin. Daraufhin wandte sich Oppenheimer an seine Freunde Albert Einstein und Martin Buber mit der Bitte, sich für eine Anstellung seines Sohnes an der Hebräischen-Universität in Jerusalem einzusetzen. Sein jüngerer Sohn Heinz war schon 1925 nach Palästina ausgewandert. Sein Ansinnen blieb erfolglos und Ludwig Oppenheimer konnte erst nach seiner Entlassung aus der »Schutzhaft«, in die Juden infolge der Reichspogromnacht massenhaft genommen wurden, emigrieren. Franz Oppenheimer suchte auch für sich selbst nach einem Zufluchtsort, an dem er auch seine Arbeit weiterführen konnte. Seinen 70. Geburtstag verbrachte er in Paris, wo ihn Glückwünsche aus der ganzen Welt erreichten. Im Anschluss folgte eine Reise nach Palästina. Dort konnte er die Weiterentwicklung des Aufbaus in Augenschein nehmen, was ihn mit großer Freude erfüllte. Dennoch konnte er in Palästina nicht Fuß fassen. Aus Sorge um die Zukunft seiner fast achtzehnjährigen Tochter Renata, die in Deutschland im Status des sogenannten »Mischlings« zurückgeblieben war, ging er Ende 1935 in die Vereinigten Staaten. Obwohl Renata mütterlicherseits amerikanische Vorfahren hatte, besaß sie keine amerikanische Staatsbürgerschaft. Nachdem die Frankfurter Universität die Pensionszahlungen einzustellen drohte, kehrten Vater und Tochter nach wenigen Monaten den USA den Rücken. Über Palästina ging es zurück nach Deutschland. Oppenheimer glaubte noch immer, dass die Vernunft siegen und der Spuk bald ein Ende haben werde, daher reiste er optimistisch in sein geliebtes Vaterland zurück.

Erst 1938 entschloss er sich auf Drängen seiner Tochter einen Auswanderungsantrag für die USA zu stel-

len. Dieser wurde jedoch immer wieder abgelehnt. Durch den Entzug seines Passes erschwerte sich seine Ausreisebemühung. Renata wurde bei der Gestapo vorstellig, um einen neuen Pass für den Vater zu erwirken. Dabei half ihr ausgerechnet ein Adjutant von Heinrich Himmler, der bei Oppenheimers Schwager, dem Ägyptologen Georg Steindorff, studiert hatte. Trotzdem Oppenheimer nunmehr wieder Reisedokumente besaß, entschied er sich, die Auswanderung in die Vereinigten Staaten aufzuschieben. Denn während er als renommierter Professor unmittelbar in die USA einwandern konnte, hätte seine Tochter, die wegen ihrer nicht-jüdischen Mutter als nicht verfolgte Jüdin galt, noch zwei Jahre auf ein Visum warten müssen.
Durch die Vermittlung japanischer Anhänger seiner Werke bekam Oppenheimer einen Lehrauftrag an der Keio-Universität in Tokio. Jedoch trat zur Zeit ihrer Ankunft im Januar 1939 ein »Kulturabkommen« zwischen Japan und Deutschland in Kraft, dass Juden öffentliches Wirken auch in Japan untersagte. Für Oppenheimer bedeutete dies, dass er weder Vorlesungen noch Vorträge halten durfte, noch von ihm verfasste Aufsätze publiziert werden konnten. Wieder verhalf die Kühnheit der Tochter, die sofortige Ausweisung zu verhindern. Jedoch wurden sie nach Ablauf der Aufenthaltsgenehmigung durch die japanische Fremdenpolizei nach Schanghai abgeschoben.

*Besuch eines Schwertkampfes während Franz Oppenheimers Aufenthalt an der Keio-Universität in Tokio (hier mit seiner Tochter Renata) 1939*

Nunmehr erwerbs- und mittellos hielten sich Vater und Tochter mit dem Verkauf eines Teils von Oppenheimers Bibliothek über Wasser. Trotz der widrigen Umstände versuchten beide dem Aufenthalt in Schanghai etwas Positives abzugewinnen. Während die junge Frau die Geselligkeit innerhalb der jüdischen Exilenklave genoss, bereitete sich Oppenheimer durch die Übersetzung seiner Werke ins Englisch auf die endgültige Emigration vor.
Als Franz und Renata Oppenheimer 1940 nur kurz vor der japanischen Eroberung Schanghai verließen und in Los Angeles eintrafen, wo bereits Oppenheimers Schwester Elise mit ihrem Mann Georg Steindorff lebte, lagen schon drei Buchübersetzungen vor. In Kalifornien beendete er die Übersetzung von »Critique of Political Economy«, allerdings gelang deren Veröffentlichung während des Krieges nicht. Stattdessen gründete Oppenheimer eine wissenschaftliche Zeitschrift mit dem Titel *The American Journal of Economics and Sociology*, deren erste Ausgabe im Oktober 1941 erschien. Trotz immenser Aktivitäten, die Oppenheimer noch in hohem Alter leistete, reichten die spärlichen Einnahmen durch Stipendien, Veröffentlichungen und Vorträge für den Lebensunterhalt nicht aus. Oppenheimer blieb auf die Gelegenheitsarbeiten seiner Tochter angewiesen. Die Not und die Anstrengungen der Verfolgungs- und Exil-

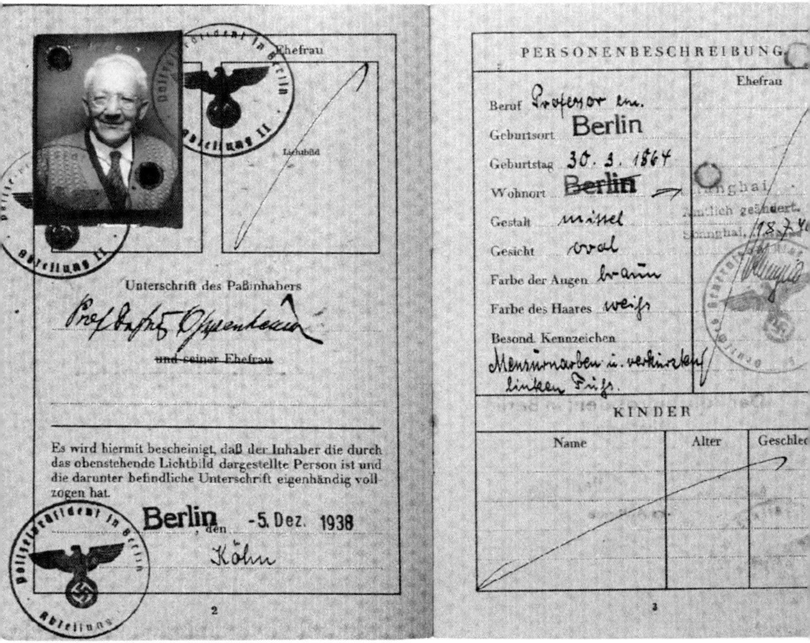
Ehefrau

Lichtbild

Unterschrift des Paßinhabers

~~und seiner Ehefrau~~

Es wird hiermit bescheinigt, daß der Inhaber die durch das obenstehende Lichtbild dargestellte Person ist und die darunter befindliche Unterschrift eigenhändig vollzogen hat.

Berlin, den -5. Dez. 1938

Köhn

Polizeipräsident in Berlin Abteilung II

2

PERSONENBESCHREIBUNG

Ehefrau

Beruf Professor em.

Geburtsort Berlin

Geburtstag 30. 3. 1864

Wohnort ~~Berlin~~ → Shanghai Amtlich geändert. Shanghai, 18.7.40

Gestalt mittel

Gesicht oval

Farbe der Augen braun

Farbe des Haares weiß

Besond. Kennzeichen

Mensurnarben u. verkürzter linken Fuß.

KINDER

| Name | Alter | Geschlecht |
| --- | --- | --- |

3

*Reisepass von Franz Oppenheimer mit dem Vermerk:*
*»Wohnort: Shanghai amtlich geändert 18.7.40«*

jahre hinterließen Spuren. Am 30. September 1943 starb Oppenheimer im Alter von 79 Jahren an den Folgen eines Lungenemphysems in Los Angeles.
Die visionäre Vorstellungskraft einer gerechten, freien, friedlichen und demokratischen Welt verließ Franz Oppenheimer zeitlebens nicht. In seiner 1941/42 verfassten Denkschrift »Pax Americana« plädierte er trotz seiner schmerzlichen Ausgrenzungs- und Vertreibungserfahrungen für die Schonung der deutschen Bevölkerung in einer europäischen Nachkriegsordnung, um den Kreis der Gewalt endlich durchbrechen und Vertrauen zwischen den Völkern aufbauen zu können. Jene Denkschrift wurde dem amerikanischen Präsidenten Franklin D. Roosevelt überreicht.

## Franz Oppenheimer und die Soziale Marktwirtschaft

*Ich werde glücklich sein, wenn die Soziale Marktwirtschaft – so vollkommen oder so unvollkommen sie auch sein mag – weiter zeugen wird auch für das Werk, für den geistigen Ansatz der Gedanken und die Lehre von Franz Oppenheimer.*
(Ludwig Erhard)

Franz Oppenheimers Ideen lebten über seinen Tod hinaus fort. Sein Denken wurde in der Sozialen Marktwirtschaft der Bundesrepublik vor allem durch seinen Schüler Ludwig Erhard fortgeführt. Ausgehend von einer Währungsreform in den westlichen Zonen 1948 stellte Erhard die Weichen für den wirtschaftlichen Aufbau der Bundesrepublik Deutschland. Zunächst als langjähriger Wirtschaftsminister und schließlich als Bundeskanzler ließ er sich von den Grundsätzen seines Doktorvaters leiten. Wie Franz Oppenheimer hob er den Wert der Arbeit hervor und befürwortete einen leistungsfördernden Wettbewerb. Dafür bekämpfte er die Wettbewerbsbeschränkungen, insbesondere durch Monopole. Der Schutz des Markts vor wiederkehrenden Konjunkturkrisen – verursacht durch die Diversifizierung der Nachfrager und die daraus resultierende Unabhängigkeit von Geschick

und Interesse weniger finanzstarker Akteure – war für Oppenheimer wie für Erhard ein wichtiges Anliegen. Zudem sollte durch die Verringerung der Kluft zwischen arm und reich die Kaufkraft der Bevölkerung steigen, sodass sich die Notwendigkeit von staatlicher Umverteilungs- und Sozialpolitik erübrigen würde.
Ludwig Erhard hatte Oppenheimers Vision eines vereinigten Europas und die Notwendigkeit vom Abbau zwischenstaatlicher Handelshemmnisse verinnerlicht: »Wie sehr Oppenheimer in mir lebt, das habe ich neulich erfahren, als ich in einer freien Rede zu Europa sagte: Was ich mir vorstelle, das ist ein Europa der ›Freien und der Gleichen‹. Und als ich dann sein Buch ›Erlebtes, Erstrebtes, Erreichtes‹ zur Hand nahm, las ich aus seiner Feder fast erschreckt von ›einer Gesellschaft der Freien und der Gleichen‹. Diese Gesinnung ist also offenbar so sehr Bestandteil meines eigenen Wesens geworden, daß man sich selbst in der Sprache und im Ausdruck unbewußt wieder begegnet.«
Trotzdem wich er genau in diesem Punkt von Oppenheimers Vorstellung ab. Während Oppenheimer die Gleichrangigkeit von Freiheit und Gleichheit anstrebte, ordnete Erhard soziale Gerechtigkeit dem freien Wettbewerb nach. Dementsprechend verwandelte er Oppenheimers »liberalen Sozialismus« zum »sozialen Liberalismus«, und dies aus zwei realpolitischen Gründen: Erstens erforderte der Aufbau des vom Krieg ver-

wüsteten Landes, den Fokus auf Wohlstand und Wachstum zu legen. Zweitens hätte die Betonung von Sozialismus und Gleichheit im sich anbahnenden Kalten Krieg die Westbindung der Bundesrepublik gefährden können. Abgesehen von dieser, der politischen Konstellation geschuldeten Abwandlung, berief sich Erhard im Kern auf Oppenheimers Gedanken und huldigte damit den wichtigsten Vordenker der Sozialen Marktwirtschaft. Rückblickend bemerkte Erhard: »Ich glaube, daß viele Menschen es nicht zu ermessen wissen, wie viel sie einem einzigen Manne zu verdanken haben. Ich weiß es, und ich habe dem auch dadurch Ausdruck gegeben, daß in meinem Arbeitszimmer über lange Zeit nur ein Bild stand, das meines Lehrers Franz Oppenheimer.«

*Briefmarke der Deutschen Bundespost aus der Serie »Bedeutende Deutsche« aus Anlass des 100. Geburtstages von Franz Oppenheimer, 1964*

Sein Lehrer war sich durchaus der Tatsache bewusst, dass Wandel mehr als ein Lebensalter bedürfe. Sein Blick richtete er daher immer in die Zukunft, dies umschloss auch die Weitergabe seiner Überzeugungen:

*»Vor zwanzig Jahren senkt' ich den Keim ins Land*
*und pflegte ihn, zwanzig Jahre mit Herz und Hand.*
*Die rasche Jugend verging und mein Haar ward weiß:*
*Wann wächst aus dem Baum Frucht? Wann lohnt der Fleiß?*
*Wann sammelt mein Volk sich, froh des erfüllten Traums,*
*im Schatten meines von mir gepflanzten Baums?*
*Und strebe ich drüber hin, und erleb' es nie:*
*Nicht pflanzt ich den Baum für mich; für sie, für sie!«*

# Literaturhinweise


**Primärliteratur**

Oppenheimer, Franz (1895): Freiland in Deutschland. Berlin, Frankfurt a.M.

Oppenheimer, Franz (1896): Die Siedlungsgenossenschaft. Versuch einer positiven Überwindung des Kommunismus durch Lösung des Genossenschaftsproblems und der Agrarfrage. Leipzig, Berlin.

Oppenheimer, Franz (1919): Kapitalismus – Kommunismus – Wissenschaftlicher Sozialismus. Berlin.

Oppenheimer, Franz (1924): Wege zur Gemeinschaft. Gesammelte Reden und Aufsätze, Bd. 1, München.

Oppenheimer, Franz (1927): Soziologische Streifzüge. Gesammelte Reden und Aufsätze, Bd. 2, München.

Oppenheimer, Franz (1964): Erlebtes, Erstrebtes, Erreichtes. Lebenserinnerungen. Ergänzt durch Berichte und Aufsätze von und über Franz Oppenheimer. Hg. v. L.Y. Oppenheimer. Düsseldorf.

Oppenheimer, Franz (1964): System der Soziologie. [1922–1935]. 2. unveränderte Auflage. Stuttgart (4 Bände).

Oppenheimer, Franz (1995–1998): Gesammelte Schriften. Hg. v. Julius H. Schoeps, Alphons Silbermann, Hans Süssmuth. Berlin (3 Bände).

Oppenheimer, Franz (2015): Schriften zur Soziologie. Hg. v. Klaus Lichtblau. Wiesbaden.

## Sekundärliteratur


Bein, Alex (1964): Franz Oppenheimer als Mensch und Zionist. In: Bulletin des Leo Baeck Instituts 7, S. 1–20.

Caspari, Volker (Hg.) (1996): Franz Oppenheimer und Adolph Lowe. Zwei Wirtschaftswissenschaftler der Frankfurter Universität. Marburg.

Caspari, Volker; Lichtblau, Klaus (2014): Franz Oppenheimer. Ökonom und Soziologe der ersten Stunde. Frankfurt.

Erhard, Ludwig (1988): Franz Oppenheimer, dem Lehrer und Freund. Rede zu Oppenheimers 100. Geburtstag, gehalten in der Freien Universität Berlin, 30. April 1964. In: Karl Hohmann (Hg.): Ludwig Erhard, Gedanken aus fünf Jahrzehnten, Reden und Schriften. Düsseldorf.

Haselbach, Dieter (1985): »Franz Oppenheimer«. Soziologie, Geschichtsphilosophie und Politik des »Liberalen Sozialismus«. Opladen.

Kotowski, Elke-Vera; Schoeps, Julius H.; Vogt, Bernhard (Hg.) (1999): Wirtschaft und Gesellschaft. Franz Oppenheimer und die Grundlegung der Sozialen Marktwirtschaft. Berlin.

Kruck, Werner (1997): Franz Oppenheimer – Vordenker der sozialen Marktwirtschaft und Selbsthilfegesellschaft. Berlin.

Kruse, Volker (1990): Soziologie und »Gegenwartskrise«. Die Zeitdiagnosen Franz Oppenheimers und Alfred Webers: ein Beitrag zur historischen Soziologie der Weimarer Republik. (Diss). Wiesbaden.

Vogt, Bernhard (1997): Franz Oppenheimer. Wissenschaft und Ethik der sozialen Marktwirtschaft. Bodenheim.

## Dank

Ein ganz besonderer Dank gilt Klaus Lichtblau und Claudia Willms vom Institut für Soziologie an der Goethe-Universität in Frankfurt am Main für die gute Zusammenarbeit, insbesondere für das zur Verfügung gestellte Bildmaterial.

## Abbildungsnachweis

*Umschlagabbildung*: Institut für Stadtgeschichte, Frankfurt am Main – *Seite 10, 64*: Jüdisches Museum Berlin, Schenkung von Renata Lenart – *Seite 38, 44, 52/53, 59*: Privatbesitz Michael Oppenheimer – *Seite 14, 40, 46, 62*: Privatbesitz Frank Lenart

## Über die Autoren

**Dekel Peretz**
1979 in Tel Aviv geboren, lebt seit 2002 in Berlin. Zur Zeit promoviert er im Rahmen des Walther-Rathenau-Kollegs am Moses Mendelssohn Zentrum Potsdam zum Thema »In Search of Europe: Franz Oppenheimer's Nation-Building and Utopia«.

**Elke-Vera Kotowski**
geboren 1961, Dr. phil., forscht und lehrt am Moses Mendelssohn Zentrum in Potsdam zur europäisch-jüdischen Kulturgeschichte. Sie ist Kuratorin zahlreicher Ausstellungen und befasst sich aktuell mit einem Forschungsprojekt zu »Kultur und Identität. Deutsch-jüdisches Kulturerbe im In- und Ausland«.
Bei Hentrich & Hentrich sind von ihr erschienen: *Theodor Lessing* (Jüdische Miniaturen Bd. 87), *Aufbau* (Bd. 109), *Valeska Gert* (Bd. 123) sowie als Mitherausgeberin: *Synagogen in Brandenburg*.